O PERDÃO

CONDUZI MEUS PASSOS PARA A PAZ

Claire Dumont - Suzanne Lacoursière

Ilustrações: Gabrielle Grimard

Dados Internacionais de Catalogação na Publicação (CIP)
(Câmara Brasileira do Livro, SP, Brasil)

Dumont, Claire
O perdão : conduzi meus passos para a paz / Claire Dumont, Suzanne Lacoursière ; tradução Jaime A. Clasen ; ilustrações Gabrielle Grimard. – São Paulo : Paulinas, 2006.

Título original: Conduis mes pas vers la paix : le pardon
ISBN 85-356-1855-4
ISBN 2-89420-568-6 (ed. original)

1. Paz – Aspectos religiosos 2. Paz de espírito 3. Perdão – Aspectos religiosos I. Lacoursière, Suzanne. II. Grimard, Gabrielle. III. Título.

06-7207   CDD-234.5

Índice para catálogo sistemático:

1. Perdão : Doutrina cristã   234.5

Título original da obra: *Conduis mes pas vers la paix: le pardon*
© 2003, Médiaspaul, Canadá

Direção-geral: *Flávia Reginatto*
Editores responsáveis: *Vera Ivanise Bombonatto e*
Antonio Francisco Lelo
Tradução: *Jaime A. Clasen*
Copidesque: *Amália Ursi*
Coordenação de revisão: *Andréia Schweitzer*
Revisão: *Marina Mendonça e*
Ana Cecilia Mari
Direção de arte: *Irma Cipriani*
Gerente de produção: *Felício Calegaro Neto*
Editoração eletrônica: *Manuel Rebelato Miramontes*

Nenhuma parte desta obra poderá ser reproduzida ou transmitida por qualquer forma e/ou quaisquer meios (eletrônico ou mecânico, incluindo fotocópia e gravação) ou arquivada em qualquer sistema ou banco de dados sem permissão escrita da Editora. Direitos reservados.

Paulinas
Rua Pedro de Toledo, 164
04039-000 – São Paulo – SP (Brasil)
Tel.: (11) 2125-3549 – Fax: (11) 2125-3548
http://www.paulinas.org.br – editora@paulinas.org.br
Telemarketing e SAC: 0800-7010081
© Pia Sociedade Filhas de São Paulo – São Paulo, 2006

A você amiguinho(a).

Você acaba de dar um passo em sua vida de fé ao celebrar o sacramento do Perdão pela primeira vez.

Por fazer parte da grande família de Deus, o padre e os amigos da sua comunidade cristã convidaram você a viver este grande sinal de amor, que é o sacramento do perdão. Você respondeu ao convite. Damos-lhe os parabéns pela coragem de falar das maravilhas que Deus fez e, ao mesmo tempo, de reconhecer os próprios erros.

Na caminhada em direção ao perdão, você aprendeu que esse sacramento tem vários nomes. Chama-se sacramento da Reconciliação, sacramento da Conversão, sacramento da penitência, sacramento da Paz e Confissão. Mas é sempre o mesmo sinal do amor de Deus que é recebido, o Perdão.

Nem sempre é fácil perdoar. De fato, é Deus quem nos dá o presente do perdão. É ele quem perdoa em nós. Sabemos que Deus nos ama e que está sempre pronto a perdoar.

Foi Jesus quem nos confiou esse belo segredo. Para sermos felizes, Jesus sabe que precisamos aprender a nos perdoar e a perdoar os outros. O próprio Jesus perdoou quando viveu entre nós. Tomando-o como modelo, poderemos decidir fazer como ele, segundo nossas capacidades.

Desejamos que você deixe Jesus conduzir seus passos para a paz consigo mesmo(a), com os outros e com Deus Pai!

Claire e Suzanne

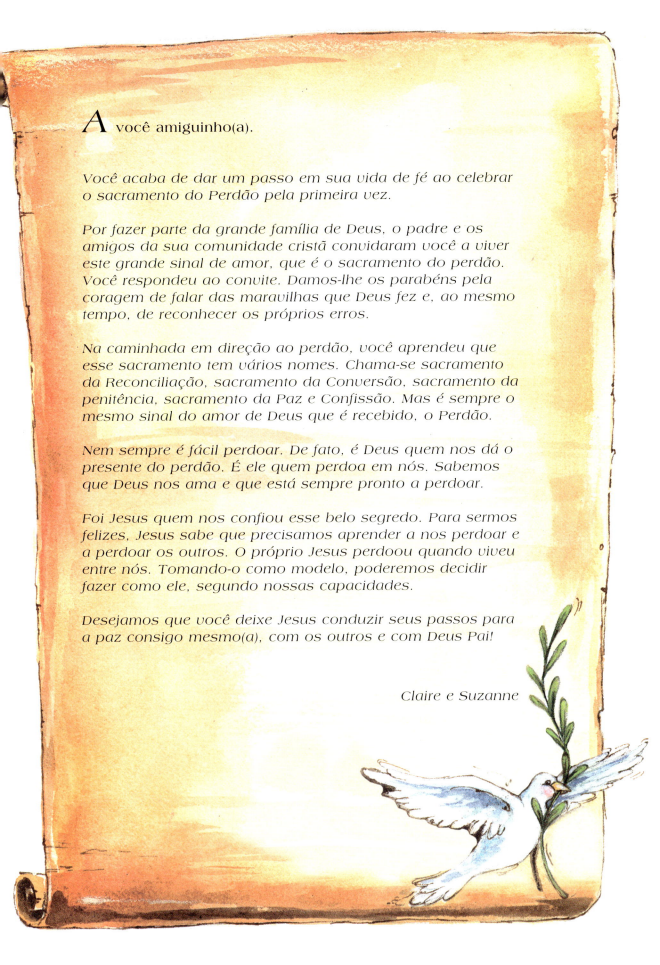

Recebi este álbum como presente de

_____

por ocasião do sacramento do perdão, que recebi pela

primeira vez no dia _____

na paróquia _____

Padre _____

me acolheu em nome de Jesus.

_____

Assinatura

ASSINATURAS

Peço às pessoas que acompanharam minha caminhada
de preparação para o sacramento do perdão
e àquelas que o celebraram comigo que assinem o seu nome
neste álbum de recordação.

"Eu te chamei pelo nome,
tu és meu!"

(Isaías 43,1)

Sou alguém importante

Meu nome é _____

Tenho _____ anos.

Meu pai se chama _____

O nome de minha mãe é _____

Tenho _____ irmãs e _____ irmãos.

Meus avós são _____

Minhas habilidades são _____

Na escola, a disciplina em que me destaco é _____

Meu jogo preferido é _____

O livro de que mais gosto é _____

FAÇO PARTE DE UMA GRANDE FAMÍLIA

O primeiro sinal que recebi na Igreja foi o Batismo.

Minha família festejou esse acontecimento feliz.
Foi realizado no dia

_____

na paróquia

_____

Foto da família

Foto do meu Batismo

Minha madrinha se chama

_____

Meu padrinho se chama

_____

Fui batizado(a) pelo padre

_____

Desde o dia do meu Batismo faço parte da grande família dos filhos de Deus, que é a comunidade de Jesus Cristo, a Igreja.

Na celebração desse sacramento, após ter derramado a água sobre minha cabeça, o padre traçou em minha fronte o sinal-da-cruz, sinal que diz que Deus me ama e que eu pertenço a ele.
Esse sinal confirma que sou um(a) cristão(ã).

Eu pertenço a Deus

Nosso Deus é o Pai de todas as pessoas da terra. Ele quer nos reunir numa grande e bela família, por seu filho Jesus.

Jesus é o coração do Deus Amor. Ele deu sua própria vida para que nós estivéssemos seguros desse amor.

O sinal-da-cruz é importante para os cristãos. Ele revela o amor de Jesus e de seu Pai por todos, sem exceção.

Agradeça a Deus por estas duas demonstrações de amor que ele ofereceu a você até agora: o **Batismo** e o **Perdão**.

Depois de rezar sua oração de louvor, faça lentamente o sinal-da-cruz para manifestar que você é feliz por pertencer a Deus e que deseja continuar sendo amigo(a) de Jesus.

"Tu és precioso aos meus olhos
e eu te amo."

(Isaías 43,4)

Aprender a escolher

Deus criou-nos para amar.
Jesus, que fala em nome de seu Pai, diz aos seus amigos:
Ama a Deus e aos outros como amas a ti mesmo (Lucas 10,27).

Crianças ou adultos, podemos fazer a escolha de responder ou não ao chamado de Deus, que é o de amar.

Uma pessoa tem a capacidade de praticar tanto atos bons quanto atos que ferem os outros. Na realidade, todos os seres humanos pecam quando não escolhem fazer o bem.

Sempre temos a liberdade de escolher entre o bem e o mal.
No entanto, é preciso reconhecer que nossa liberdade
é limitada por nosso orgulho, nosso egoísmo
e nossa necessidade de independência.

Para ser feliz

Quando amamos, somos felizes. Quando amamos, nós nos assemelhamos a Deus.

Não é fácil amar como Deus ama. Acontece que, muitas vezes, fazemos o contrário. Nós nos recusamos a servir, a perdoar, a dividir e a ajudar-nos uns aos outros.

Quando você escolhe não amar, toma atitudes e diz palavras que fazem mal aos outros.

Tal comportamento faz mal a você também, pois, muitas vezes, ao perceber que feriu ou ofendeu alguém, sente-se culpado(a).

Certamente você já fez a experiência de que palavras ou gestos rompem os laços de amizade.

O medo, a vergonha, o orgulho, o sentimento de não mais ser amado(a) tornam difíceis o perdão e a reconciliação.

Isso vale para você e para os outros.

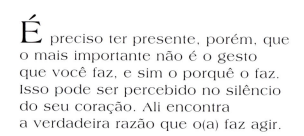

É preciso ter presente, porém, que o mais importante não é o gesto que você faz, e sim o porquê o faz. Isso pode ser percebido no silêncio do seu coração. Ali encontra a verdadeira razão que o(a) faz agir.

Você pode cometer um erro sem querer. Pode ofender alguém inadvertidamente, por acidente ou sem ser de propósito.

Agir com sinceridade ajuda você a crescer, a ser feliz e a estar em paz.

NADA IMPEDE DEUS DE AMAR VOCÊ

Já dissemos como você é importante e amado(a) por Deus.

Você é amado(a) mesmo quando escolhe o mal, de propósito.

Podemos saber e ter certeza disso ao ver Jesus agindo em nome de seu Pai.

Nas páginas seguintes, você lerá a história de Pedro e a da mulher pecadora.

Verá a força do amor que Jesus tem em seu coração.

"Os montes podem ceder,

as colinas abalar-se, mas

meu amor por ti não mudará,

e minha aliança de paz contigo

ficará inabalável."

(Isaías 54,10)

DOIS GRANDES AMIGOS

Jesus e Pedro eram amigos. Jesus tinha chamado Pedro para segui-lo (cf. Mateus 4,18-20). Faziam muitas atividades juntos.

Eles iam pescar. Visitavam os pobres. Socorriam os doentes. Oravam.

Um dia, os inimigos de Jesus decidiram matá-lo. Não gostavam do que Jesus fazia. Não gostavam do que ele dizia. Fizeram-no passar por malfeitor.

Depois da ceia pascal, Jesus tinha ido com seus amigos ao Jardim das Oliveiras.

Pediu a Pedro, Tiago e João para se retirarem a um lugar mais afastado e rezarem com ele.

Jesus tinha medo de seus inimigos. Pedia ao seu Pai que o ajudasse.

Jesus orou muito. Ele se sentia só.

Quis falar com seus três amigos, mas eles dormiam (cf. Mateus 26,36-46).

Uma tropa de soldados veio prender Jesus.
Pedro quis defendê-lo com um gesto de violência.
Mas Jesus não aceitou a reação de Pedro.
Seguiu pacificamente os soldados.

Pedro estava inquieto. Para ver o que aconteceria a Jesus,
ele se misturou com as pessoas que se aqueciam no pátio, perto de
uma fogueira. Algumas delas o reconheceram e lhe perguntaram:
Tu não és amigo daquele que acabaram de prender?

E Pedro disse e repetiu:
Não conheço esse homem.

As pessoas insistiram:
Nós te reconhecemos.
Tu estavas com ele.
Ele renegou o seu melhor
amigo, dizendo:
Verdadeiramente,
não o conheço.

Pouco tempo depois,
os soldados passam pelo
pátio com Jesus.

Jesus olha longamente
para Pedro, que é atingido
pela imensa tristeza que
vê nos olhos de Jesus.

Pedro então compreende
o mal que tinha feito ao
seu amigo. Esconde-se
e chora a noite toda
(cf. Mateus 26,69-75).

Certa manhã, depois de sua ressurreição, Jesus vai ao encontro de seus amigos. Eles tinham passado a noite pescando, sem pegar nada. Decidem então voltar, quando ouvem Jesus lhes dizer: *Lançai vossas redes do outro lado do barco.* João reconhece Jesus. Pedro pula na água. Está transbordando de alegria.
Os outros levam o barco cheio de peixes até a margem, onde se unem a Pedro e Jesus.

Enquanto os esperava, Jesus tinha preparado a refeição numa bela fogueira. Manda-os assar também alguns peixes da pescaria.
Divide com eles o pão e os peixes.

Depois da refeição, Jesus convida Pedro a caminhar com ele. Pergunta-lhe duas vezes: *Pedro, tu me amas?*
Ele responde: *Sim, eu te amo!*

Pedro fica muito triste quando Jesus repete a pergunta pela terceira vez: *Tu me amas?*

Ele deixa o seu coração falar ao dizer: *Tu sabes tudo, sabes que eu te amo!*
Então Jesus lhe pede que se responsabilize pela Igreja (cf. João 21,1-19).

Pedro fica profundamente comovido com a atenção de Jesus para com ele. Percebe que, além de ser perdoado, Jesus lhe demonstra a sua plena confiança. Pedro reconhece a amizade de dele. Fará tudo para edificar a comunidade de Jesus, a Igreja.

Nós cremos que...

Pedro não quis renegar Jesus. Foi o medo que o impediu de falar a verdade. Depois do prolongado olhar de Jesus, no momento em que o vê no pátio, Pedro percebe a gravidade de sua falta.
O seu coração fica pesado. Sente-se culpado e ingrato. Está infeliz.

Somente ao falar com Jesus ressuscitado é que o coração de Pedro se transforma. Compreende então que o amor de Jesus por ele é mais forte que sua negação. Pedro está tranqüilo. Sua amizade com Jesus permanece. O seu coração está cheio de paz e de alegria.

Para você, o que significa essa história?

Oração

*Senhor, ensina-me a olhar os outros com bondade e mansidão.
Coloca em meu coração a capacidade de amar bastante
para que perdoes a mim e a quem me fizer algum mal.*

Deixar-se olhar

A mulher tinha ouvido a pregação de Jesus. Ela o havia observado de longe. Admirada, passa a acreditar que Jesus é alguém excepcional. Pouco a pouco, aumenta nela o desejo de tornar-se uma pessoa melhor.
Quer encontrar esse homem que diz palavras que fazem tanto bem.

Certo dia, Jesus é convidado a comer na casa de Simão.
Ele entra na casa e senta-se à mesa. Há muitos outros convidados.

Ao saber que Jesus vai jantar na casa de Simão, a mulher decide ir vê-lo. Mesmo sem ser convidada, ela entra na casa. Leva um frasco cheio de perfume. Atravessa a sala repleta de homens que a olham e a julgam com desprezo.

A mulher chora. Sua atitude exige muita coragem.

Simão e seus amigos sentem vontade de rir e zombam dessa mulher que eles reconhecem, porque, na cidade, ela é chamada de "pecadora". (Ser pecador significa que não se escolhe sempre o bem por causa das próprias fraquezas e dos próprios limites.)

Jesus vê o olhar zombeteiro de Simão e de seus convidados. Sabe o que eles pensam. Jesus vê também o desejo verdadeiro e profundo que habita o coração daquela que se aproxima dele.

A mulher percebe sobre ela um outro olhar, o de Jesus. Ela só tem olhos para ele. Vai na direção de Jesus e prostra-se diante dele.

Suas lágrimas abundantes correm sobre os pés de Jesus. Ela usa seus longos cabelos soltos para enxugá-los. Depois, derrama sobre os pés dele seu precioso perfume.

Jesus acolhe a mulher. Recebe seus gestos que, segundo o costume judeu, são feitos a todo convidado quando chega à casa de alguém. Jesus olha a mulher e lhe diz: *Tu mostraste muito amor. Estás perdoada. Vai em paz.*

Com essas palavras, Jesus concede à mulher estar bem com ela mesma e com os outros.

O coração da mulher está transformado. Cheia de paz e de alegria, ela escolhe a melhor parte, que a faz crescer, amar e viver (cf. Lucas 7,36-50).

23

Nós cremos que...

Os gestos da mulher mostram diante de todos a sua confiança em Jesus. Ela sente-se acolhida e respeitada por aquele que a espera. Em paz e feliz, ela sai da casa de Simão e retoma o seu caminho.

A mulher acredita que Jesus ama a todos, sem exceção, apesar de cometerem erros e terem defeitos.

E para você, o que significa essa história?

_____

_____

_____

_____

_____

_____

Oração

Senhor Jesus, dá-me o desejo e a coragem de não julgar os outros, de aceitá-los e de respeitá-los em suas diferenças. Às vezes, é difícil, mas, com a tua ajuda, conseguirei.

Que o teu Espírito me guie no caminho da paz e da felicidade.

"O Senhor fez por nós maravilhas!"

(Salmo 126,3)

VISITAS RECONFORTANTES

Nicodemos, doutor da Lei, quer
encontrar-se com Jesus.
Tem perguntas a lhe fazer.
Jesus atende ao seu pedido.

Conversam longamente.
Antes de Nicodemos ir embora,
Jesus lhe confia que Deus Pai
não julga, não condena.
Ele ama as pessoas
como elas são. Deseja que
elas vivam plenamente
(cf. João 3,1-15).

Ao saber que Jesus está na
cidade, Zaqueu corre
e sobe numa árvore para
vê-lo passar. Jessus passa,
manda-o descer e vai jantar
na casa dele.

Zaqueu faz uma grande
festa. Está orgulhoso de
receber Jesus em sua casa.
Ao escutá-lo, Zaqueu toma
consciência de que deve
mudar a sua maneira
de viver.

Ele, então, divide seus bens
com os pobres
(cf. Lucas 19,1-10).

Certo dia, Jesus recebe a visita
de alguns homens que traziam
um amigo deles, paralítico
há muito tempo, para ser curado.
Não podendo aproximar-se
de Jesus, decidem descer o paralítico
pelo telhado, tirando algumas telhas.

Jesus fica surpreso com a grande fé
daqueles homens e anuncia ao paralítico:
*Teus pecados estão perdoados.
Levanta-te, paga a tua maca e vai para
casa.* Feliz, ele partiu dando glória
a Deus (cf. Marcos 2,1-12).

Um pastor possui cem ovelhas. Uma delas pula para um campo
de flores e se desgarra do rebanho. À tarde, o pastor conta
as suas ovelhas e percebe que falta uma.

Depois de várias horas de busca,
o pastor ouve balidos. Descobre
a sua ovelha no fundo de um
barranco. Fala com ela suavemente
e a coloca nos ombros.
Não a censura.

Contente, o pastor volta
para casa e festeja com os amigos
o retorno de sua preciosa ovelha
(cf. Lucas 15,4-7).

Ao contar a história da ovelha perdida, Jesus quer que
compreendamos que Deus, seu Pai, ama incondicionalmente
e que tem confiança em nós.

"Assim como eu vos amei,

amai-vos também

uns aos outros."

(João 13,34)

Guilherme e Lena

Como seus pais, Guilherme e Lena amam a natureza. Gostam de enfeitar e embelezar a sua casa. A própria Lena plantou belas flores ao pé de uma grande árvore perto da casa.

Cuida delas todas as manhãs.

Certo dia, Guilherme pede a Lena que lhe empreste o seu livro *As plantas* para ele terminar uma pesquisa. Lena se recusa porque precisa do livro.

Ele insiste muito porque tem de entregar o seu trabalho no dia seguinte. Lena não quer ceder de jeito nenhum. Guilherme ameaça destruir suas flores se ela não lhe emprestar o livro imediatamente. Ele fica irritado.

Com raiva, Guilherme sai de casa correndo e pisa as flores. Lena o segue, gritando e chorando, e o vê destruir seu canteiro.

Durante o jantar, Guilherme está de cara amarrada. Lena ainda chora e conta aos pais o que aconteceu.

Eles escutam e compreendem as reações de seus filhos. Conversam com eles longamente. Sugerem que se encontre uma solução que leve à reconciliação.

Em seu quarto, cada uma das crianças está com o coração pesado. Guilherme sente-se culpado.

Lena procura uma maneira de se vingar quando ouve Guilherme entrar em seu quarto. Ele se aproxima da irmã e lhe diz: *Não chore, Lena. Eu sei que agi mal. Me desculpe.*

No dia seguinte, Guilherme fala com seus pais e lhes diz como pretende agir para reparar o que fez. Contentes, os pais o animam e se oferecem para ir com ele procurar flores.

Depois das aulas, Guilherme corre para casa e, ajudado por amigos, substitui as flores pisadas.

Ainda triste, Lena volta da escola. Pensa que está sonhando quando vê a beleza de seu canteiro de flores. Ela corre para o irmão, abraça-o e lhe diz ao ouvido: *Obrigada! Eu amo você!*

A relação se restabelece. A paz e a alegria voltam aos seus corações. Os pais estão felizes com a reconciliação de seus filhos.

Um tempo para perdoar

Etty Hillesum, uma jovem judia, morreu em 30 de novembro de 1943 em Auschwitz.

Etty passou os últimos meses de sua vida nesse campo de concentração.

Ela viu os grandes sofrimentos impostos às pessoas que estavam à sua volta.

Procurou amar à maneira de Deus todos que encontrava, chegando inclusive a perdoar os carrascos.

O papa João Paulo II sofreu, em 1981, uma tentativa de assassinato, enquanto abençoava as pessoas que o cercavam.

Algum tempo depois de sua cura, foi à prisão encontrar-se com aquele que atentara contra a sua vida. Conversaram longamente. O Papa lhe concedeu o perdão.

Maria tem 16 anos. Certo dia,
ela vê homens armados atirarem,
sem motivo, em seu pai, em sua mãe
e em seus irmãos.

O sofrimento e o ódio a sufocam.

Ela leva vários anos até ser capaz
de perdoar.

Com a ajuda de Deus e a compaixão
daqueles que a cercam,
ela encontra a paz.

Durante o recreio, Frederico é atacado por três garotos,
que querem as suas figurinhas de futebol. Frederico resiste.

Os jovens o cercam, batem nele
e vão embora com as figurinhas.

Frederico fica no chão, amedrontado
e desamparado. Não sabe o que
fazer. Em casa, decide contar o fato
à mãe, apesar do medo que sente
pela intimidação dos agressores.
Com a orientação da mãe,
e acompanhado por ela,
vai falar com o diretor da escola.
O diretor propõe que os jovens e
seus pais sejam chamados para
esclarecer o fato, pôr um fim à
queixa e exigir que novas figurinhas
sejam dadas a Frederico.

Frederico aceita o acordo.
No entanto, ele percebe
que não é fácil perdoar.

Escreva sobre um perdão que você concedeu.

Escreva sobre um perdão que você recebeu.

Oração

Deus, nosso Pai, liberta-me do desejo de me vingar, de guardar rancor, de agir com violência.

Dá-me a força de falar de meus problemas e de meus sofrimentos às pessoas capazes de me ajudar. Concede-me a coragem necessária para denunciar o mal que é feito aos outros.

Faze que eu me torne um instrumento de tua paz.
Amém!

"Farei a paz correr como um rio."

(Isaías 66,12)

O SACRAMENTO DO PERDÃO E DA RECONCILIAÇÃO

Deus quer a paz para todos os habitantes da terra.

Na tarde da Páscoa, Jesus realiza o desejo de seu Pai ao dizer aos seus amigos:

A paz esteja convosco!

Em seguida, dá aos seus amigos o poder de transmitir a sua paz aos outros (cf. João 20,19-23). Depois, essa responsabilidade passou para a Igreja, que nos oferece a possibilidade de celebrar o sacramento do Perdão e da Reconciliação. O reencontro, feito por intermédio de um padre, permite-nos falar das maravilhas que Deus opera em nós e reconhecer nossas faltas. Em nome de Jesus, o sacerdote perdoa todos os nossos pecados e nos dá a paz de Jesus.

Empregamos a palavra "pecado" para indicar as faltas que rompem a relação com Deus e com os outros, sabendo que, muitas vezes, se trata de simples negligência, de egoísmo, de raiva, de uma pequena vingança... Tomar consciência de nossas fraquezas permite que nos esforcemos para melhorar a nós mesmos.

O padre escuta aquilo que nos faz mal. Dialoga conosco para nos compreender melhor. Convida-nos a fazer gestos de partilha, de paz, de generosidade. Em seguida, ele nos diz as palavras de Jesus ressuscitado: *Está perdoado. Vá em paz.*

"Está perdoado. Vá em paz!" significa que você, por sua vez, é convidado(a) a levar o perdão e a paz para onde quer que vá.

Podemos obter o perdão por intermédio da confissão com o padre, por meio de gestos de bondade e amor, ou desculpando-nos com a pessoa a quem ofendemos.

O desejo de reparar o mal feito nasce, muitas vezes, no silêncio de nosso coração. É certamente o Espírito Santo quem inspira esse desejo em nós.

É bom conversar com um padre sobre o que se tem passado com você. Ele pode ajudar a encontrar soluções para os seus problemas, dar conselhos para que se torne uma pessoa melhor e consiga o perdão de Deus. Exprimir nossas preocupações e nossos erros nos faz bem.

Você pode confiar; o padre guardará segredo.

Numa de suas cartas, Pedro, que se tornou chefe da Igreja, escreve: *Cultivai entre vós um amor intenso, porque o amor cobre uma multidão de pecados* (1Pd 4,8).

A Igreja é o lugar onde os cristãos freqüentemente celebram o sacramento do Perdão.

Diante do grande amor que Deus tem por nós, reconhecemos a nossa dificuldade de amar e de fazer o bem.

Por isso, por ocasião das grandes festas do ano, a comunidade cristã nos convida a celebrar juntos o sacramento do Perdão.

Oração

Deus, Pai de Jesus e nosso Pai, tu nos deste a luz do sol, da lua e das estrelas.

Tu nos deste também a terra, a água, as flores, as árvores, os animais. Torna-nos capazes de cuidar de todos esses presentes e de compartilhá-los com as pessoas que estão à nossa volta e no mundo todo.

Faze que sejamos bons e generosos para com quem nos cerca. Amém!

Muda o meu coração

À s vezes, é difícil manter nossas promessas. Por isso, podemos pedir ao Espírito de Jesus que nos ilumine para que façamos as escolhas que levem à felicidade.

São Francisco de Assis deixou-nos esta bela oração, que você certamente conhece:

Senhor, fazei de mim um instrumento de vossa paz!

Onde houver ódio, que eu leve o amor.

Onde houver ofensa, que eu leve o perdão.

Onde houver discórdia, que eu leve a união.

Onde houver erro, que eu leve a verdade.

Onde houver dúvida, que eu leve a fé.

Onde houver desespero, que eu leve a esperança.

Onde houver tristeza, que eu leve a alegria.

Onde houver trevas, que eu leve a luz.

Senhor, fazei de mim um instrumento de vossa paz!

TESTEMUNHAS

No Evangelho, duas personagens conhecidas nos inspiram valores que nos fazem crescer e que nos ajudam a viver em sociedade.

Você certamente sabe quem são os pais de Jesus: Maria e José.

Observemos os valores que eles cultivam, vivendo-os no dia-a-dia, e que parecem torná-los felizes:

- a confiança
- a interioridade
- a simplicidade
- a mansidão
- o respeito
- a ajuda mútua
- a paz
- o trabalho bem-feito
- a acolhida das pessoas e dos acontecimentos
- a verdade
- o perdão...

Qual desses valores você gostaria de viver?

Como os atletas, você deverá dedicar seu tempo, sua energia e sua perseverança para desenvolver esse valor.

Oração

A ti, Maria, e a ti, José,

venho pedir apoio

para realizar em minha vida

o valor de _____

Eu vos peço que me concedais a coragem

de vivê-lo todos os dias, apesar das críticas

e das zombarias dos outros.

Dai-me a capacidade de amar-me e de aceitar

as diferenças nos outros a fim de que eu possa agir

como vosso filho Jesus.

Amém!

UMA PROPOSTA DE FELICIDADE

Um dia, ao ver a multidão, Jesus sobe a um monte, senta-se e começa a falar. Ensina como viver feliz. Com o sermão da montanha, ao falar sobre as bem-aventuranças, ele propõe o caminho para encontrarmos a felicidade no dia-a-dia de nossa vida. Andando com Jesus, aprendemos a ser muito felizes.

Felizes os pobres no espírito,

deles é o Reino dos Céus

... porque compreendem que é possível confiar

em Deus nosso Pai.

Felizes os mansos,

eles herdarão a terra

... porque sabem que a mansidão

é mais poderosa que a violência.

Felizes os que choram,

eles serão consolados

... porque sabem que Deus reconforta

e que põe em seu caminho pessoas compassivas.

Felizes os que têm fome e sede de justiça,

eles serão saciados

... porque reconhecem os benefícios da partilha

e do respeito aos outros.

Felizes os que são misericordiosos,

eles obterão misericórdia

... porque, à maneira de Deus,

vêem e aliviam a miséria dos irmãos.

Felizes os puros de coração,

eles verão a Deus

... porque, ao agir corretamente e com transparência,

reconhecem Deus no próximo.

Felizes os artífices da paz,

eles serão chamados filhos de Deus

... porque, ao promover a paz em si e à sua volta,

realizam o desejo de Jesus: "A paz esteja convosco".

Felizes os que são perseguidos por causa da justiça,

deles é o Reino dos Céus

... porque vivem os seus sofrimentos com humildade

sob o olhar amoroso de Deus nosso Pai.

(cf. Mateus 5,3-11)

PALAVRAS QUE FAZEM BEM

Deus me diz:

Você é importante para mim. Eu o(a) amo como você é.

Você é único(a) em todo o universo.

Você é meu filho bem-amado. Você é minha filha bem-amada.

Além disso ele também me diz: _____

_____

Meu pai e minha mãe me dizem:

Eu amo você. Você é meu tesouro.

Você é minha criança querida, meu sol.

Tenho orgulho de você.

E também me dizem: _____

_____

Meus amigos me dizem:

Gosto muito de brincar com você.

Você é meu melhor amigo. Você é minha melhor amiga.

Fico contente quando você me ajuda a fazer meus deveres.

E dizem também: _____

_____

Demos graças

Convidamos você a rezar esta oração de ação de graças com a sua família, sempre que se realizar um acontecimento feliz.

Bendigamos o Senhor por suas maravilhas!

Pelo sol que ilumina o dia.   *Bendito sejas!*

Pela chuva que alimenta a terra.   *Bendito sejas!*

Pelo pão que fortifica.   *Bendito sejas!*

Pelas árvores que abrigam os pássaros.   *Bendito sejas!*

Pela lua que aclara a noite.   *Bendito sejas!*

Pela imensidão do mar.   *Bendito sejas!*

Por todos os seres vivos.   *Bendito sejas!*

Bendigamos o Senhor por suas maravilhas!

Pela felicidade partilhada.   *Bendito sejas!*

Pelos sofrimentos aliviados.   *Bendito sejas!*

Pela gratuidade dos dons.   *Bendito sejas!*

Pela participação na paz.   *Bendito sejas!*

Pelo perdão dado e recebido.   *Bendito sejas!*

Pelo amor que se encontra no coração das pessoas.   *Bendito sejas!*

Bendigamos o Senhor por suas maravilhas!

*Pela Igreja,
a grande família dos filhos de Deus.*　　　*Bendito sejas!*

Pelas pessoas que fazem o bem.　　　*Bendito sejas!*

*Pelos que não nos amam
e nos fazem mal.*　　　*Bendito sejas!*

Por todos os habitantes da terra.　　　*Bendito sejas!*

Continue a oração de louvor com suas palavras.

Por _____

Por _____

Por _____

Por _____

Bendigamos o Senhor por suas maravilhas!

TERMINANDO...

Querido(a) amiguinho(a).

Percorremos um longo caminho ao compor este álbum. Ficaremos felizes se, com ele, pudermos ajudar você a crescer na fé e no amor de Deus.

Incentivamos você a compartilhar com seus pais, com seus avós, com sua madrinha e seu padrinho tudo o que aprendeu com a leitura das reflexões, das histórias narradas, e também os valores apresentados que deseja desenvolver em sua vida. Poderá também convidar seus familiares e padrinhos a rezar com você.

Temos o prazer de lhe contar um segredo: a maior felicidade consiste em dar a vida. De que modo? Com atitudes positivas. Damos alguns exemplos:

- *escolher a mansidão e não a violência;*
- *evitar palavras que ferem;*
- *ajudar seus pais, avós, amigos;*
- *cuidar de si mesmo(a), vivendo de modo saudável;*
- *proteger o meio ambiente e trabalhar para melhorá-lo.*

Essas atitudes fazem a vida crescer em você e, então, torna-o(a) um(a) semeador(a) de vida, de paz e de felicidade.

Se você agir assim, estará levando a sério o conselho que Deus nos dá: "Escolhei a vida". Com palavras semelhantes, Jesus faz a mesma afirmação ao se dirigir a seus amigos: "Eu vim para que tenham vida, e vida em abundância" (João 10,10). A vida nos é dada gratuitamente para que também nós a demos gratuitamente.

Sentimo-nos bem próximas de você por nossa fé em Deus, por nosso amor a Jesus e por nossa oração. Desejamos que escolha a vida a fim de que a paz tome conta de seu coração e se propague para sua família e seus amigos, sua cidade, enfim, para o país todo e o mundo inteiro.

Seja feliz!

Claire e Suzanne

Se você quiser aprofundar alguns temas aqui abordados, convide seus pais, familiares ou seu grupo na comunidade paroquial e leiam juntos os livros sugeridos abaixo, todos publicados por Paulinas Editora:

- *Descoberta dos valores cristãos na adolescência*, de Nilceu Antonio Nascimento, 2006.
- *Evangelho de Jesus narrado para as crianças*, de Giuseppino de Roma, 4. ed., 2005.
- *Olá, aqui estamos! Aventuras de adolescentes na Bíblia*, de Piera Paltro, 2002.
- *Vida de Jesus, os grandes momentos dos quatro evangelhos*, de Claude Plettner, 2003.
- *Vida de Jesus para crianças*, de Jane Carrouth, 3. ed., 2005.